कविता की देहरी पर

आपका स्वागत है

Vidushi malpani

BookLeaf Publishing
India | USA | UK

Made with ❤ on the BookLeaf Publishing Platform
www.bookleafpub.in
www.bookleafpub.com

Dedication

यह पुस्तक ,
उन सभी पलों के नाम
जो कविता बनकर मेरी हथेलियों में पिघल गए।

उन अधूरे रिश्तों के नाम
जिन्होंने शब्दों को अकेलापन सिखाया,
और मुझे इंसान बना दिया।

मां-पापा के धैर्य और बहन की हिम्मत के नाम,
जिनके बिना ये स्याही कभी रंग न पकड़ती।

और...
उन पाठकों के नाम,
जो कविता को पढ़ते नहीं,
जीते हैं।

Preface

कविता लिखना मेरे लिए एक क्रिया नहीं, एक क्रांति है—भीतर की, बाहर की, और उस अदृश्य गहराई की जो अक्सर शब्दों में नहीं समाती।

इस संग्रह के पन्नों पर केवल कविताएं नहीं हैं—यहाँ वो अनकहे लम्हें हैं जिन्हें समाज ने दबा दिया, वो चीखें हैं जिन्हें हमने 'नॉर्मल' कहकर अनसुना कर दिया, और वो स्पर्श हैं जो मिट्टी, हवा, और नदी में घुल गए।

मैंने इस पुस्तक में जीवन को उसके सबसे असहज, सुंदर और सच्चे रूप में महसूस करने की कोशिश की है—जैसे किसी बूढ़ी औरत का सुबह-सुबह मंदिर जाना, जैसे किसी टूटे हुए ख्वाब की आखिरी सांस, या किसी मासूम पशु की मौन प्रार्थना।

हर कविता एक प्रश्न है— क्या हम अब भी इंसान हैं?

यह संग्रह उनके लिए है— जो किनारे खड़े होकर गहराइयों को पहचानते हैं। जो चुप रहकर भी बहुत कुछ कह जाते हैं। जो कविता में सिर्फ तुक नहीं, ताप महसूस करते हैं।

यदि मेरी लिखी पंक्तियाँ आपके भीतर कुछ हिला सकें— तो समझिए, मेरी चुप्पी भी कविता बन गई है।

— विदुषी मालपानी

Acknowledgements

इस संग्रह की प्रत्येक कविता, उन रिश्तों और अनुभवों की स्याही से
लिखी गई है
जिन्होंने मुझे सिर्फ लिखना नहीं, महसूस करना सिखाया।

आभार आदरणीय वैभव कोठारी भैया को ,
जिनका साथ, जिनकी लेखनी और शब्दों की ऊष्मा
मेरे लिए सिर्फ प्रेरणा नहीं, बल्कि एक आत्मिक मार्गदर्शन रही है।
जिनके विचारों ने मेरी दृष्टि को एक नया विस्तार दिया।

मेरे माता-पिता श्रीमती माधुरी मालपानी जी और श्री दीपक मालपानी
जी को
जिन्होंने न केवल जीवन दिया, बल्कि लेखन का संस्कार भी दिया।
पापा की संवेदनशील कविताएं और माँ की कल्पनाशील कहानियाँ
हमेशा मेरे भीतर एक नई रचना को जन्म देती रहीं।

आयुषी, मेरी बहन को ,
जिसकी रचनात्मकता, रंगों और रचनाओं की दुनिया ने
मुझे खुद को पहचानने और अभिव्यक्त करने का साहस दिया।

और उन सभी पाठकों का धन्यवाद
जो मेरी कविताओं में अपने अनुभव ढूंढ लेते हैं,
और उन आलोचकों का भी आभार
जिन्होंने मुझे और बेहतर लिखने की चुनौती दी।

जो कुछ अच्छा है,
वो इन सभी का प्रतिफल है–
और जो अधूरा है,
वो मेरी यात्रा का हिस्सा है।

– विदुषी मालपानी

कविता की देहरी पर

कविता की देहरी पर
आपका स्वागत है
जहाँ शब्द अपने पैर धोकर
चुपचाप भीतर प्रवेश करते हैं।

यहाँ भावनाएँ सिर ढँककर आती हैं,
और स्मृतियाँ बिना दस्तक दिए
दिल की बैठक में बैठ जाती हैं।

यहाँ कोई शीशमहल नहीं,
बस मिट्टी की सोंधी गंध है,
जैसे पहली बारिश
टूटे हुए छप्पर से भीतर टपके।

काग़ज़ की सिलवटों में
कहीं कोई माँ छुपी है,
कहीं एक सूनी चूड़ियों वाली देहलीज
ताकती है बीते मौसम की ओर।

यहाँ आकर कोई बड़ा नहीं रहता,

ना छोटा
सब अपनी-अपनी थकानें
उतारकर
कुछ देर के लिए
ख़ामोशी ओढ़ लेते हैं।

कृपया शोर बाहर छोड़ आइए
यह जगह उन लफ़्ज़ों की है
जो बोले नहीं गए,
और ना सुने गये ।

तो चलिए,
अपना मन साथ लीजिए
कविता की देहरी पर
अब आपका
सच्चे अर्थों में
स्वागत है।

मौनः भावों की पराकाष्ठा

मौन...
शब्दों का अभाव नहीं,
बल्कि भावों की पराकाष्ठा है।

जब वाणी चूक जाती है,
तब मौन बोलता है
स्पर्श से, दृष्टि से,
और कभी-कभी केवल उपस्थिति से।

मौन वो भाषा है
जिसे कोई पाठशाला नहीं सिखाती,
किन्तु आत्मा स्वयं जानती है।

प्रेम के क्षणों में,
विरह की वेदना में,
या अंतिम विदाई की सांसों में
क्या आपने नहीं सुना मौन को बोलते हुए?

शब्द कभी-कभी भ्रमित करते हैं,
पर मौन

सत्य का सजीव उच्चारण है।

मौन वह शून्य है,
जिसमें हर उत्तर छुपा होता है।
और जो मौन को समझ लेता है,
वह दूसरों के बोलने से पहले
मन की भाषा पढ़ लेता है।

इसलिए पूछिए स्वयं से
क्या आपने कभी मौन से बात की है?
या केवल शब्दों पर ही भरोसा किया है?

अकेलापन

अकेलापन...
शब्द तो छोटा है,
पर इसकी चुप्पी,
कभी-कभी चीखों से भी ज़्यादा तेज़ होती है।

लोग कहते हैं
ये श्राप है।
क्योंकि इसमें कोई और नहीं होता,
पर शायद इसलिए ही
यह वरदान है।

क्योंकि जो भीड़ में खो गया,
वो कभी खुद से मिल ही नहीं सका।
और जो अकेला रहा,
वो हर रोज़
खुद से एक नई बातचीत करता रहा।

भीड़ applause देती है,
पर अकेलापन...
सवाल देता है।

आईना देता है।
उत्तर देता है।

हाँ, कभी-कभी यह डराता है,
पर उसी डर के नीचे
एक चमकता हुआ द्वार है
जहाँ आत्मा निर्वस्त्र हो
अपने मूल में लौटती है।

अकेलापन,
उनके लिए श्राप है
जो केवल बाहरी आवाज़ों पर जिए,
और उनके लिए वरदान
जो अपने भीतर
ईश्वर की पुकार सुनते हैं।

नैतिकता

नैतिकता
क्या यह एक शाश्वत सत्य है,
या समाज द्वारा रचित
एक सुविधा की रेखा?

जो एक देश में पुण्य है,
वही दूसरे में पाप हो सकता है।
जो एक युग में मर्यादा थी,
वह दूसरे में बंधन बन जाती है।

तो फिर नैतिकता क्या है?
एक नियम?
या
एक समयबद्ध समझौता?

कभी यह धर्म के वस्त्र पहनती है,
कभी सत्ता के हाथों बिक जाती है।
कभी अंतरात्मा की आवाज़ बनती है,
तो कभी समाज की घुड़की।

यदि नैतिकता केवल नियमों पर आधारित है,
तो वह स्थायी नहीं।
पर यदि वह करुणा,
सत्य,
और आत्मा की सहमति पर टिकी हो
तो वह सार्वभौमिक बन सकती है।

नैतिकता,
तब तक सीमित है
जब तक वह बाहर से थोप दी जाए।
और वह दिव्य है
जब भीतर से उपजे।

जो रिक्त न हो, उसमें भरोगे क्या?

यदि ईश्वर सब जानता है,
तो फिर वह पीड़ा क्यों देता है?
क्यों जन्म में कराह होती है?
क्यों मृत्यु में मौन?

क्या यह दण्ड है?
या कोई गहन शिक्षा?
क्या पीड़ा, ईश्वर की निर्ममता है?
या उसकी गूढ़ कृपा?

ईश्वर मिट्टी से दीपक बनाता है,
पर पहले उसे आँच से तपाता है।
स्नेह देता है,
पर पहले
विरह का स्वाद चखाता है।

जिसे हम पीड़ा कहते हैं,
वह आत्मा का परिष्कार है।
ईश्वर मन को नहीं,
चेतना को तैयार करता है।

वह टूटने देता है
क्योंकि
जो न टूटे, वह कहाँ चमकता है?
वह छीन लेता है
क्योंकि
जो रिक्त न हो, उसमें भरोगे क्या?

ईश्वर सर्वज्ञ है,
इसलिए वह हमें
केवल सुख नहीं देता।
वह विकास देता है
पीड़ा की भूमि में
ज्ञान का अंकुर बोकर।

माँस लिपटा हुआ सिस्टम

हम विकासशील हैं
कहते हैं, गर्व से।
शहर ऊँचे हो रहे हैं,
पर रिश्ते...
नीचे गिरते जा रहे हैं।

हर सुबह अलार्म उठाता है,
और हर रात मोबाइल सुलाता है।
हम अब सोचते नहीं
हम 'प्रोग्राम' होते हैं।

भावनाएँ अब
"ऑनलाइन स्टेटस" में दर्ज हैं।
प्रेम अब GIF है,
विरह एक स्टोरी।

मनुष्यता एक पुराने सॉफ्टवेयर की तरह
क्रैश कर रही है
और मशीनें
अब अधिक संवेदनशील हो चली हैं।

हमने चुना विकास,
पर भूल गए
कि आत्मा को भी अपडेट करना होता है।

अब हम चलते हैं
बिना दिशा के।
बोलते हैं
बिना सुनने के।
और जीते हैं
बिना जिये हुए।

क्योंकि हम अब
इंसान नहीं,
माँस लिपटा हुआ सिस्टम हैं।

मृत्यु कोई दरवाज़ा नहीं

मृत्यु कोई दरवाज़ा नहीं है
वो तो बस एक परदा है,
जिसके उस पार जीवन
एक और नाम से सांस ले रहा होता है।

हम जिसे "अंत" कहते हैं,
शायद वो किसी और की “शुरुआत” है।
हम रोते हैं
क्योंकि हमने छोड़ा,
वो मुस्कुराते हैं
क्योंकि उन्होंने पाया।

मृत्यु एक खाली कोठरी नहीं,
वो एक उजली सीढ़ी है
जो आत्मा को बोझ से मुक्त कर
प्रकाश की ओर ले जाती है।

हम शरीर को देखते हैं,
इसलिए मृत्यु भयावह लगती है।
आत्मा देखना सीखो,

तो मृत्यु सुंदर हो जाती है।

मरना केवल मिटना नहीं होता,
वो स्वयं से मिलना होता है।
जिस दिन ये समझ आ जाए,
उस दिन हर विदाई
एक नयी मुलाक़ात बन जाती है।

रिंग लाइट वहाँ नहीं पहुँचती

मदद...
अब दिल से नहीं,
कैमरे से निकलती है।

जहाँ भूख है
वहाँ रोटियाँ नहीं,
Selfie Stick पहुँचती है।

“हमने दिया”
ये बताना अब ज़रूरी है,
“किसे दिया”
ये बस फ्रेम में आ जाना चाहिए।

किसी के आँसू
अब अवसर बनते हैं
लाइक्स के,
कमेंट्स के,
‘मानवता’ की ब्रांडिंग के।

एक बच्चा रोता है,

और कोई
Zoom कर रहा होता है
ध्यान से,
Face के emotions कैप्चर करने।

कम्बल देना पुण्य नहीं,
अगर उस पर logo न हो।
भूखे को खाना मत दो
पहले पूछो,
"तुम्हारे पास Insta है?"

मदद अब राहत नहीं
Event है।
जहाँ Banner है,
Mic है,
और अंत में Flash...

असल दान
अब अंधेरे में रह गया है
क्योंकि रिंग लाइट वहाँ नहीं पहुँचती।

‘आज’ ही असली था

कल क्या होगा?
यही प्रश्न
अब जीवन की नींव बन गया है।
और 'आज'
बस एक गलियारे की तरह बीत जाता है।

लोग बीमा कराते हैं,
SIP भरते हैं,
कैरियर प्लान करते हैं
पर माँ के साथ में
दो मिनट बैठने का वक़्त नहीं निकाल पाते।

हर क्षण में
"कल" बसा है
पर "आज" की साँसें
अनदेखी रह जाती हैं।

हम घड़ी पहनते हैं
पर समय नहीं जीते।
हम अलार्म सेट करते हैं

पर सुबहें महसूस नहीं करते।

हर उम्र
अगली मंज़िल की चिंता में
ख़ुद को खा रही है।
जैसे जीवन
कोई Excel Sheet हो
जिसमें Cells तो हैं,
पर संवेदनाएँ नहीं।

हम जीवन की सुरक्षा में
इतना उलझे हैं,
कि जीवन जीना
हम भूल गए हैं।

और जब समझ आता है
कि 'आज' ही असली था,
तब तक
'कल'
हमारा अंतिम संस्कार कर चुका होता है।

तो क्या यह स्वतंत्रता है?

स्वतंत्रता
केवल ज़ंजीरों से मुक्त होना नहीं,
बल्कि विचारों, भय और इच्छाओं से
अलग हो पाना है।

मनुष्य स्वयं को स्वतंत्र मानता है,
जब वह चयन करता है।
पर क्या चयन उसकी चेतना का है?
या परवरिश, संस्कृति और भय का परिणाम?

हम जो सोचते हैं,
वह सिखाया गया है।
हम जो चाहते हैं,
वह दिखाया गया है।

तो क्या यह स्वतंत्रता है?
या पूर्वनिर्धारित विकल्पों में से
एक को चुन लेने का भ्रम?

मनुष्य तभी स्वतंत्र होता है,

जब वह भीतर से निर्णय करे
न भय से,
न लोभ से,
न स्वार्थ से।

वह तब स्वतंत्र होता है,
जब वह स्वयं को
अपने विचारों से भी परे देख सके।

अन्यथा,
हम सब
सांस्कृतिक धारणाओं, सामाजिक अपेक्षाओं,
और भावनात्मक वासनाओं के
क़ैदी हैं।

शून्यता : एक गर्भ

शून्यता...
एक ऐसा शब्द,
जो सुनने में खाली लगता है
पर भीतर एक गूढ़ गूंज लिए हुए होता है।

लोग कहते हैं
"जहाँ कुछ न हो, वही शून्य है।"
किन्तु क्या वास्तव में ऐसा है?

क्या बीज में वृक्ष नहीं होता,
या वह बस
अदृश्य रूप में प्रतीक्षा करता है?

शून्यता
वह बिंदु है
जहाँ सब कुछ गिरता है
आशाएँ, अपेक्षाएँ, अहं।
पर यहीं से
कुछ नया जन्म लेता है
शुद्ध, अनाम, अकल्पनीय।

यह अन्त भी है
जहाँ सब कुछ समाप्त होता है,
और
यह आरम्भ भी
जहाँ आत्मा
अपने मूल में लौटती है।

शून्यता डरावनी तब लगती है,
जब हम भरे रहने के आदी हो जाते हैं।
पर जो उसे अपनाता है,
वह सृजन का रहस्य समझ जाता है।

शून्यता
ना तो केवल शून्य है,
ना केवल मौन।
वह एक गर्भ है –
जहाँ सृष्टि अपनी पहली साँस लेती है।

कमेंट सेक्शन में युद्ध

कभी कहानियाँ
काग़ज़ पर बसती थीं
अब स्टोरीज़
24 घंटे में मिट जाती हैं।

लोग अब किताब नहीं खोलते
Profiles चेक करते हैं।
लेखक के शब्द नहीं,
Influencer के captions याद रखते हैं।

एक समय था
पन्ने पलटते थे,
अब अंगूठा चलता है
स्क्रीन पर,
चेहरों की भीड़ में।

ज्ञान अब शांत नहीं
तेज़ है,
Reel जितना छोटा
और उतना ही viral ।

अब लाइब्रेरी में सन्नाटा है
और कमेंट सेक्शन में युद्ध।

लोगों को अब
जीवन की समझ नहीं चाहिए
बस दूसरों की ज़िंदगी की झलक चाहिए।

क्योंकि पढ़ने में समय लगता है,
और Scroll में
बस आदत।

हम बचे क्या हैं?

हमने कहा ,
"हम सभ्य हैं!"
क्योंकि हमारे पास
लैपटॉप, लिफ़्ट और लाउंज हैं।

जहाँ हिरण भागते थे,
अब गाड़ियां दौड़ती है।
जहाँ चिड़ियाँ चहकती थीं,
अब रिंगटोन बजती है।

कभी जंगल साँस लेते थे
अब वहां कारख़ाने थूकते हैं।
कभी नदियाँ गीत गाती थीं
अब वे प्लास्टिक निगलती हैं।

हमने पेड़ को लकड़ी कहा,
और लकड़ी को फ़र्नीचर।
हमने मिट्टी को गंदगी माना,
और कंक्रीट को संस्कृति।

हमने आकाश को बाँटा,
ज़मीन को बाँटा,
यहाँ तक कि
हवा को भी बेचना सीख लिया।

हमने पेड़ को छाँव नहीं,
फर्नीचर समझा।
नदी को माँ नहीं,
'Project' बना दिया।

अब जंगल
"Eco-tourism zone" हैं।
और झरने
Instagram reels के background ।

हम बचे क्या हैं?
बड़े-बड़े शब्दों में
छोटे होते जाते लोग।

अब विकास
PowerPoint की स्लाइड है
जिसमें हरियाली
एक पुरानी Clip Art बन चुकी है।

क्योंकि आजकल परिभाषा यही है
जो प्रकृति को काटकर किया जाए
असली विकास वही है

पूरी हो जाती तो?

कुछ पंक्तियाँ
कभी पूरी नहीं होतीं
बस काँपती रहती हैं
किसी कोने में...
काग़ज़ के डर से।

कुछ चुप्पियाँ
बातों से ज़्यादा वज़नी होती हैं,
क्योंकि कुछ जवाब
सुनने की हिम्मत नहीं होती।

जो बात अधूरी है
वो टूटती नहीं,
बस जीती रहती है
एक स्मृति की तरह,
धीमे धीमे जलती अगरबत्ती जैसी।

पूरी हो जाती,
तो सवाल भी खत्म हो जाते
और साथ में

वो गहराई भी, जो अधूरापन देता है।

कभी-कभी
"क्या होता अगर..."
इसकी थकान ज़्यादा कीमती होती है
"ये हुआ और फिर क्या हुआ?" से।

जब समाज ,सिस्टम और सरकार अनुज्ञा दे

यह देश स्वतंत्र है
यहाँ हर कोई
सोच सकता है...
पर वह सोच
तुम्हारी अपनी नहीं होनी चाहिए।

तुम्हारी सोच वही हो
जो किताबों में लिखी हो,
या
जो किसी मंच से चिल्ला-चिल्लाकर सुनाई गई हो।

जो सवाल करे
वह 'विरोधी' हो जाता है।
जो उत्तर माँगे
वह 'देशद्रोही' ठहराया जाता है।

तुम विचार करो,
पर पहले पूछो
'क्या यह विचार समाज को पसंद आएगा?'

स्वतंत्रता है,
पर उसकी चाबी किसी और के पास है।
और जो दरवाज़ा खोलना चाहे
उसे या तो गालियाँ मिलती हैं,
या गोलियाँ।

भीड़ में शामिल होना
'समझदारी' है,
और
भीड़ से प्रश्न करना
'अवज्ञा'।

तुम सोच सकते हो
पर वही जो तुम्हें
समाज ,सिस्टम और सरकार
अनुज्ञा दे ।
अन्यथा तुम्हारी सोच
एक अपराध मानी जाएगी।

स्वप्न एक सेतु हैं

स्वप्न...
नींद की चुप्पियों में
जागते चित्त का उद्गार हैं।
वे केवल कल्पनाएँ नहीं,
कभी-कभी भविष्य की झलक भी होते हैं।

कभी बीते दिनों की पुकार,
कभी आने वाले कल की दस्तक
स्वप्न,
एक सेतु हैं
भूत, वर्तमान और अनदेखे भविष्य के मध्य।

लोग कहते हैं
"स्वप्न केवल भ्रम हैं",
पर क्या भ्रम भी यूँ
आँखों में आकर
अश्रु की भाषा में बहते हैं?

क्या भ्रम भी
इतनी स्पष्टता से

हृदय को झकझोर सकते हैं?

शायद नहीं।
स्वप्न उस चेतना के दूत हैं,
जिसे हम दिन के उजाले में
अनसुना कर देते हैं।

सौंदर्य को मत मापिए

सौंदर्य
क्या वह रंग है, आकार है,
या केवल नेत्रों का आकर्षण?
या वह कुछ और है
जो केवल भीतर अनुभव किया जा सकता है?

जिसे हम सुंदर कहते हैं,
क्या वह सबको एक-सा दिखता है?
या सौंदर्य
हर हृदय की अनुभूति में भिन्न-भिन्न रूप लेता है?

कोई झुर्रियों में सौंदर्य देखता है,
कोई मासूम हँसी में।
कोई मौन में
जहाँ कोई शब्द नहीं,
फिर भी मन पुलकित हो उठता है।

दृष्टि सीमित है
वह केवल रूप देखती है।
पर आत्मा...

वह रस देखती है
भाव देखती है।

सौंदर्य जब तक आँखों से देखा जाए,
वह परिवर्तनशील है।
पर जब वह हृदय से अनुभव हो
वह चिरंतन बन जाता है।

इसलिए सौंदर्य को मत मापिए
न नयन से,
न शब्दों से।
वह वहाँ होती है
जहाँ आत्मा
जुड़ जाती है।

स्मृतियाँ एक दर्पण है

स्मृतियाँ...
वो दृश्य नहीं,
जो आँखों ने देखा,
बल्कि वो अनुभव हैं
जो आत्मा ने जिया।

कभी मुस्कान बनकर उगती हैं,
तो कभी एक चुप आँसू बनकर ढह जाती हैं।
वे सहलाती भी हैं,
और
चुभती भी।

क्या स्मृतियाँ भार हैं?
हाँ, जब वे
हमें वर्तमान से दूर ले जाती हैं।
जब वे
हर क्षण की तुलना करती हैं
"पहले ऐसा था... अब ऐसा क्यों नहीं?"

पर वही स्मृतियाँ आधार भी बनती हैं

जब हम उनमें से
संकल्प उठाते हैं,
शक्ति चुनते हैं।

यादें बोझ नहीं होतीं,
जब उन्हें जीने का अभ्यास हो।
वे दीपक बनती हैं
जो अंधकार में
मार्ग दिखाती हैं।

इसलिए स्मृतियाँ
ना तो शत्रु हैं,
ना ही मित्र ।
वे केवल दर्पण हैं
जिसमें मन
अपना अतीत पढ़ता है,
और वर्तमान को आकार देता है।

कई जिंदगियों की आत्मकथा

न खिलौनों की चुभन से,
न किताबों की स्याही से,
बल्कि उन जूतों से
जो हर सुबह
उसे कुचलकर ऑफिस जाते हैं।

उसकी उँगलियाँ
स्लेट नहीं पकड़तीं,
बल्कि ईंटें उठाती हैं,
धागे गूंथती हैं,
या बस पर चढ़े किसी यात्री के जूतों की धूल
अपने गंदे कपड़े से पोंछ देती हैं।

पैरों के नीचे जो बचपन है,
वो चोट नहीं खाता
क्योंकि अधिकार की समझ
उस तक पहुँची ही नहीं।

उसका स्कूल
कभी किसी ढाबे के पीछे था,

कभी किसी निर्माणाधीन इमारत की छाँव में।
उसकी घंटी
पेट की गड़गड़ाहट थी,
जिसे कोई शिक्षक नहीं सुनता।

शहर की भीड़ में
हर दिन सैकड़ों लोग
उसके कंधों से टकराकर
आगे बढ़ जाते हैं,
जैसे वो कोई जीवित देह नहीं,
बस सड़क की रुकावट हो।

वो बच्चा
जो बूट पॉलिश करता है,
उसे चमक का अर्थ नहीं पता
क्योंकि उसकी दुनिया
केवल जूतों की नोक तक सिमटी है।

जब कोई कहता है
"बचपन सबसे सुंदर होता है,"
तो यह बचपन
अपने हाथ की दरारों में
सिर्फ़ धूल और साबुन की झाग महसूस करता है।

यह कोई अपवाद नहीं,
यह व्यवस्था का परिणाम है।
यह कोई कहानी नहीं,

यह सड़क पर फिरते
कई जिंदगियों की आत्मकथा है।

उनका कोई इतिहास नहीं लिखा गया

इतिहास में राजाओं की विजय है,
सम्राटों की यात्राएं हैं,
युद्धों की तारीखें,
और घोषणाओं की ध्वनि।
पर वहाँ नहीं है
वो हाथ
जिन्होंने दीवारें उठाईं,
वो कंधे
जिन्होंने महलों का वज़न सहा,
वो पसीना
जिससे सभ्यता बनी।

पन्नों में दर्ज हैं निर्णय,
पर नहीं हैं
वे स्त्रियाँ,
जिन्होंने युद्धों के समय
घर बचाए
या अपनी चुप्पी से
शांति को जन्म दिया।

वो किसान
जिसने राजा को अन्न दिया,
वो नाविक
जिसने सेनाओं को पार लगाया,
वो शिल्पकार
जिसने मंदिर गढ़ा
इन सबका कोई परिच्छेद नहीं।

इतिहास भी
पक्षपाती रहा
उसने ताक़त को लिखा,
और
मौन को छोड़ दिया।

वो जो नहीं बोले,
जो नहीं जीते,
या जिनके नाम
लिखने के लिए
किसी दरबारी के पास समय नहीं था
वे सब
ग़ुमशुदा सह-संस्थापक हैं
इस सभ्यता के।

उनका कोई इतिहास नहीं लिखा गया,
पर उनका अस्तित्व
हर ईंट में है,

हर लोककथा में,
हर अनाम चित्र की रेखा में।

वो इतिहास में नहीं,
परमात्मा में जीवित हैं।

वृद्धाश्रम की दीवारें

वृद्धाश्रम की दीवारें
अब दीवारें नहीं रहीं
वे आखिरी ठिकाना हैं
उन बातों का
जो कभी घरों में कही जाती थीं।

यहाँ आवाज़ें
ध्वनि नहीं करतीं,
वे रुकती हैं,
और स्मृति बनकर टंग जाती हैं
दीवारों पर
किसी पुराने कैलेंडर की तरह
जिसे कोई पलटता नहीं।

हर कमरा
एक कथा है
जो शुरू तो घर से हुई,
पर खत्म
किसी संस्था के प्रवेश द्वार पर हुई।

यहाँ रिश्ते
नाम लेकर नहीं आते
बल्कि संख्या बनकर दर्ज होते हैं,
रजिस्टर में,
डॉक्टर की फाइल में,
और धीरे-धीरे सबकी
याद से मिटने लगते हैं।

दीवारों पर टंगी घड़ियाँ
समय नहीं बतातीं
वे प्रतीक्षा की गहराई दिखाती हैं।

कभी-कभी
किसी दरवाज़े की घंटी बजती है,
तो लगता है
शायद कोई भूल गया व्यक्ति
याद में लौट आया हो।

पर अक्सर
वो घंटी
सिर्फ़ नर्सिंग रूटीन होती है।

दीवारें
कुछ नहीं कहतीं
पर जब कोई आँख
काफ़ी देर उन्हें देखती है,
तो उनमें

छिपी हुई ज़िंदगियाँ नजर आने लगती हैं।

यहाँ आशा हैं
निराशा हैं
धर्म है, संस्कार है,
बोली है,भाषा है ,
बचपन है ,बुढ़ापा है
अनुभव है....
जीवन है और मृत्यु भी

यहाँ केवल वृद्ध नहीं रहते
स्वयं सत्य रहता है
इस संसार सागर का.....

नामपट्टी बताती है

कमीज़ पर टँगी एक छोटी-सी पट्टी
नाम की,
जो जन्म से नहीं,
पद से जुड़ी है।

वह कहती है
“ये आदमी कौन है।”
पर वह नहीं बताती
“ये आदमी कैसा है।”

नामपट्टी बताती है
कि वह डॉक्टर है,
सिपाही है,
वेटर है,
या सिर्फ़ “साहब” है।
पर वह नहीं बताती
कि उसकी रातें कैसी होती हैं,
या उसके घर में
कोई भी उसे नाम से पुकारता है या नहीं।

कभी-कभी नामपट्टी
सम्मान बन जाती है,
और आदमी
कंधे झुकाकर चलता है
कि कहीं वह नाम गिर न जाए।

कभी वह पट्टी
इतनी भारी हो जाती है
कि आदमी के भीतर का
सच दब जाता है
उसे हँसने की इजाज़त नहीं रहती,
या रोने की।

बाजार, स्कूल, दफ़्तर,
हर जगह
नाम से पहले
नामपट्टी देखी जाती है।

नामपट्टी रचती नहीं,
वह लगाई जाती है
ताकि दुनिया तय कर सके
कि सामने वाला
आदर के योग्य है,
या आदेश के।

और जब वह आदमी
सेवानिवृत्त होता है,

तो नामपट्टी हटा दी जाती है
मानो अब उसका कोई परिचय शेष नहीं।

कुछ कंधे

कुछ कंधे
वज़न ढोने के लिए नहीं,
चुप रहने के लिए बनाए गए हैं।

वो कंधे
जो पिता हैं,
भाई हैं,
श्रमिक हैं,
या बस वो लोग
जो कभी कमज़ोर दिखने की इजाज़त में नहीं आते।

उन्हें रुलाया नहीं गया
बल्कि रोक दिया गया।
"मर्द बनो",
"कमज़ोर मत बनो",
"आँसू औरतों के होते हैं"
इन वाक्यों की सीलन
आज भी उनकी हड्डियों में है।

वे कंधे

घर चलाते हैं,
पर खुद कभी घर नहीं जाते।
वे जिम्मेदारियों से लदे रहते हैं,
पर किसी को नहीं बताते
कि वो थक गए हैं।

हर दिन
उनके भीतर
कुछ टूटता है
पर बाहर
कुछ भी नहीं बदलता।

जब कोई मरता है,
तो शोकसभा में
वो कंधे ही शव उठाते हैं
और वही कंधे
अपनी भावनाओं को दफन कर
लौट भी आते हैं,
बिना कुछ कहे।

इन कंधों के पास
कोई भाषा नहीं,
कोई छुट्टी नहीं,
कोई ताली नहीं
सिर्फ़ एक अनकही परंपरा है,
जो उन्हें इंसान नहीं,
चरित्र बना देती है।

और फिर वही चरित्रों के द्वारा
ये नहीं रोने की परंपरा
अगली पीढ़ी के कंधों के लिए
आगे बढ़ा दी जाती है

वे पढ़ नहीं सकते

वे पढ़ नहीं सकते
ना किताबें,
ना अख़बार,
ना वो बोर्ड
जिस पर लिखा है
"शिक्षा सबका अधिकार है।"

पर इसका अर्थ
मूर्खता नहीं होता
बल्कि यह केवल दर्शाता है
कि शब्दों की दुनिया से
कभी उनकी मुलाक़ात नहीं हुई।

उनकी आत्माएँ
अनपढ़ हैं
पर जीवन को
वो ऐसे पढ़ते हैं
जैसे कोई ऋषि
जल की गति समझ ले।

वे नहीं जानते
"न्याय" क्या होता है
पर हमेशा
अन्याय के विरुद्ध
खड़े हो जाते हैं।

उन्हें नहीं मालूम
"पर्यावरण" का मतलब,
फिर भी
पेड़ कटता है तो
उनकी आँखें भीग जाती हैं।

इन आत्माओं ने
कभी "संविधान" नहीं पढ़ा,
फिर भी
दूसरे की थाली से पहले
खुद की भूख टाल देते हैं।

अनपढ़ आत्माएँ
कभी मंचों पर नहीं बुलायी जातीं,
उन्हें कोट्स में टाँका नहीं जाता।
पर जीवन की हर परीक्षा में
वे उन लोगों से बेहतर होते हैं
जिन्होंने सौ किताबें याद की हैं,
पर करुणा भूल गए हैं।

ये आत्माएँ

कभी अपना नाम ठीक से नहीं लिख पातीं,
फिर भी
दूसरों की पीड़ा में
उपस्थिति का
हस्ताक्षर कर जाती हैं।

शव चुप होता है और समाचार तेज

शव चुप होता है।
समाचार तेज़।

एक शांत देह
जिसके चारों ओर
संवेदना का मौन होना चाहिए
अब एक हेडलाइन बन चुकी होती है।

"मरने वाले की पहचान नहीं हो सकी..."
"सड़क दुर्घटना में दो की मौत..."
"बम धमाके में पाँच लोग..."
गिनती होती है,
व्यक्तित्व नहीं।

शव के चेहरे पर
कोई सवाल नहीं होता,
पर माइक वाले
हर उत्तर माँगते हैं
कभी परिजनों से,
कभी पड़ोसियों से,

कभी किसी भीड़ से
जो रो भी नहीं रही।

कैमरे के फ्रेम में
क्रंदन की दिशा तय होती है,
"थोड़ा पास आइए,
फिर से कहिए – आपको कैसा लग रहा है?"

शव
अब व्यक्ति नहीं,
प्रसारण सामग्री है।
वह क्लिक में गिना जाता है,
श्रद्धांजलि में नहीं।

समाचार
तेज़ होता है,
और शव
धीरे-धीरे मिट्टी में बदल जाता है
बिना किसी संशोधन के।

टीवी पर
ब्रेकिंग न्यूज के नीचे
एक और नाम जुड़ जाता है,
और अगली खबर
पहले को विस्मृति में धकेल देती है।

शव

कभी न्याय नहीं माँगता,
पर समाचार
हर न्याय से पहले
न्यूज़ रेटिंग माँग लेता है।

एक चिट्ठी चाँद को

चाँद,
तुम आज भी वहीं हो
उसी चोटी के पीछे,
जहाँ से हर रात
मैं तुम्हें देखती थी...
अपने कंबल में लिपटी
छत की पट्टी पर लेटी हुई।

मैंने तुम्हें पहली बार
दादी की गोद में देखा था,
जब उन्होंने कहा था
"वो देखो, तुम्हारा सखा चाँद।
जो कभी बूढ़ा नहीं होता,
बस बदलता रहता है।"

तब से...
हर चिट्ठी तुम्हें ही लिखी है।
कभी हवा में उंगलियाँ चला कर,
कभी खिड़की के शीशे पर सांस छोड़कर,
और कभी...

काग़ज़ों पर ऐसे अक्षरों में
जो रोशनी में पढ़े जा सकें।

चाँद,
तुम्हें याद है वो पगडंडी
जिससे नीचे उतरते हुए
मैं अक्सर तुम्हें देखती थी?
तुम चुप रहते थे,
पर मैं समझ जाती थी
तुमने मेरी थकान देख ली है।

आज भी मैं तुम्हें देखती हूँ
पर अब उस पहाड़ी से नहीं।
अब बीच में शहर है,
धुआं है,
और वो सब कुछ
जिसमें तुम खो जाते हो।

फिर भी,
मेरी चिट्ठियाँ जाती हैं
हर रात,
हर विचार में लिपटी,
हर सांस में पिघली।

मैंने तुमसे शिकायतें भी कीं
कि क्यों तुम सिर्फ रातों में आते हो?
क्यों तुम दूर रहकर भी

इतने अपने लगते हो?

पर तुम...
हमेशा मौन रहे
जैसे वो प्रेम
जो बिना उत्तर के भी
पूर्ण होता है।

चाँद,
इस बार की चिट्ठी में
मैंने अपना पता नहीं लिखा
क्योंकि मैं जीवन की अंतिम यात्रा पर हुँ
और तुमसे मिलने जल्द ही तुम्हारे पास आ रहीं हूँ

बस ये जान लो ,
एक पहाड़ी लड़की थी,
जो तुम्हें हर रोज़
अपना सबसे उजला भाव भेजती थी।
और तुम, बिना पढ़े भी,
उसे पूरा समझ लेते थे।

वो बूढ़ी औरत याद आती है

मुझे वो बूढ़ी औरत याद आती है,
जो हर सुबह मंदिर जाती थी
धीरे-धीरे चलते क़दम,
लेकिन उसके भीतर
कोई मंत्र चलता था।

सर्दियाँ जब हड्डियाँ चबा लेती थीं,
और गलियों की दीवारों से
धूप भी पलायन कर जाती थी,
तब वो,
बिना चादर,
बिना काँपते,
सड़क पर चलती मिलती थी।

उसके पाँवों में चप्पल नहीं थी
पर उसकी आत्मा में
कोई अग्नि जलती थी,
जो रास्ते को गर्म कर देती थी।

उसकी उंगलियों में माला थी

पर उसकी दृष्टि
माला के पार कुछ देखती थी।
उसके ओठों पर कोई मंत्र था
जो शब्दों से ज़्यादा
तप से उपजा था।

उसके कपड़ों में कोई ब्रांड नहीं,
पर उसके चेहरे पर
सदियों का अनुभव लिखा था।
और उसकी आँखों में
मौन की भाषा,
जो हर घण्टे की आवाज़ पर
शांत हो जाती थी।

शायद उसके भीतर
कोई और ही ताप था
कोई ऐसी आग
जो दुनिया नहीं देख सकती थी,
पर कुहरा भी
उसके सामने सिर झुका देता था।

उसने शायद कुछ खोया था
या सब छोड़ दिया था,
या जीवन की उस उम्र में
अब सिर्फ ईश्वर को थामे हुए थी
न शिकायत,
न चाहत,

सिर्फ समर्पण की साँसें।

मुझे वो बूढ़ी औरत याद आती है
हर बार जब मैं
ठंड में सिमटकर बैठती हूँ,
या जब कोई तकलीफ़
मुझे बहुत सताती है।

उसकी तरह
कभी नहीं बन पाई मैं
ना उसकी तरह चल पाई,
ना उसकी तरह
इतने ताप के साथ
ठंड को ठुकरा सकी।

शायद
श्रद्धा का ताप
कभी नापा नहीं जा सकता
वो सिर्फ जिया जाता है।

आसमान खाली था

इंद्रधनुष आज फिर नहीं बना।
बादलों ने जगह दी थी,
सूरज ने रोशनी भेजी थी,
पर रंग...
रंग आपस में बात नहीं कर रहे थे।

लाल बोला
"मैं आग हूँ, क्रांति हूँ,
पहली नज़र का प्यार हूँ।
सबसे पहले मैं आता हूँ,
तो सबसे अहम भी मैं ही हूँ।"

नीला मुस्कराया
"तू जलता है,
मैं बहता हूँ
गहराई मेरे पास है,
तू तो सिर्फ ऊपर-ऊपर है।"

पीला बोला
"तुम दोनों के पास

या तो ताप है या ठंड।
मैं हूँ उजाला,
बिना मेरी चमक के
इंद्रधनुष बस राख है।"

हरे ने चुपचाप
एक पत्ता छू लिया,
और बोला
"जिस रंग से जीवन चलता है,
उसे शायद
तर्क की ज़रूरत नहीं होती।"

नारंगी बीच में अटका रहा,
कभी लाल की तरफ,
कभी पीले की ओर।
उसके पास
साफ़-साफ़ कहने को कुछ नहीं था –
वो सिर्फ मिलन था...
जो अब बिखर रहा था।

बैंगनी सबसे किनारे बैठा रहा,
जैसे उम्रदराज़ लोग होते हैं
किसी पारिवारिक झगड़े में।
उसकी शांति
या तो अनुभव थी,
या थकान।

और तब...
इंद्रधनुष नहीं बना।
क्योंकि रंग अब
रंग नहीं रहे थे,
ईगो बन चुके थे।

बादल वहीं था,
सूरज अब भी चमक रहा था...
पर आसमान खाली था।

शायद इसी को
"टूटना" कहते हैं
जब सब कुछ पास हो,
पर कोई साथ न हो।

जीवन की खुशियों का इंद्रधनुष
बिलकुल ऐसे ही
रिश्तों के रंगों से बनता है।
जो एक-दूसरे को न समझें
तो बिखर जाते हैं
टूट जाते हैं।

दरवाज़ा खुला था

दरवाज़ा खुला था
बिलकुल वैसे, जैसे कोई मौक़ा
जिसे दुनिया "आज़ादी" कहती है।

हवा भीतर आ रही थी,
धूप फ़र्श पर एक चौकोर साया बना रही थी,
और दुनिया
मुझसे दो क़दम की दूरी पर खड़ी थी।

पर...
बाहर जाने का मन नहीं हुआ।

शायद इसलिए नहीं
कि बाहर कुछ डरावना था,
बल्कि इसलिए
क्योंकि अंदर अब भी
कुछ अधूरा था।

कुछ बातों ने दस्तक नहीं दी थी,
कुछ ख़ामोशियाँ अब भी

मेरी आँखों की किताब में पलट रही थीं।

कभी-कभी दरवाज़े खुले रहते हैं,
पर हम नहीं चलते
क्योंकि बाहर जाने से पहले
भीतर लौटना ज़रूरी होता है।

किताबों की अलमारी

किताब की अलमारी
शायद सबसे चुप रहने वाली चीज़ है घर में,
पर उसमें जितनी आवाज़ें हैं,
उतनी किसी मेले में भी नहीं होतीं।

मैं अक्सर खड़ी हो जाती हूँ उसके सामने
बिना वजह...
जैसे कोई मंदिर के सामने खड़ा होता है
मन हल्का करने।

वहाँ एक किताब है
जिसके पन्नों में सृष्टि की शुरुआत दर्ज है।
एक दूसरी किताब है
जो बताती है कि प्रेम कैसे जन्म लेता है,
और मरता नहीं...
बस मौन हो जाता है।

हर किताब
एक ग्रह है
अपने अक्षांश, देशांतर, गुरुत्वाकर्षण के साथ।

कुछ किताबें सूरज हैं
कभी चुभती, कभी तपाती।
कुछ किताबें चाँद हैं
जिन्हें सिर्फ रात में ही समझा जा सकता है।

मैं जब भी अलमारी खोलती हूँ,
तो पन्नों की सरसराहट
ऐसे सुनाई देती है
जैसे कोई पुरानी आत्मा
अपना राज खोल रही हो।

एक कोने में रखी डायरी
शायद मेरे जैसे किसी अनजान पाठक के लिए
अपने आप को खोलने को तरसती है।
उसकी स्याही अब धुंधली है,
पर भाव... अभी भी चिट्ठियों जैसे ताज़ा हैं।

वहाँ इतिहास भी है
पर किसी तारीख की तरह नहीं,
अलमारी में कुछ किताबें
गुस्से से भरी हैं
जैसे वे इस दुनिया से नाराज़ हैं
कि उन्हें समय रहते पढ़ा क्यों नहीं गया।

और कुछ?
वे बस मौन हैं

जैसे सब जानती हों,
पर कहेंगी नहीं...
जब तक कोई ध्यान से न पढ़े।

ये किताबों की अलमारी
कोई साधारण लकड़ी की अलमारी नहीं है,
ये एक ब्रह्मांड है

मुझे चाहिए था एक मोड़

सड़क लंबी थी,
सीधी...
बिना किसी झिझक,
बिना किसी रुकावट के फैलती चली गई।

हर कोई कहता—
"यही तो चाहिए ज़िंदगी में
एक सीधी राह।"

पर मेरा मन,
मेरी आँखें
मेरा हृदय ढूंढता रहा
कोई मोड़,
जहाँ ज़रा देर को ठहर सकूं,
या शायद
कहीं भटकने का बहाना मिल जाए।

क्योंकि सीधी राहें
बहुत कम सवाल छोड़ती हैं।

मुझे चाहिए था एक मोड़
भले ही वो ग़लत दिशा में ले जाए,
पर कम से कम
वो मुझे मेरी सोच की और आत्मा की
मेरी खामोश चेतना की ओर मोड़ सके।

तब समझी मैं
ज़िंदगी का सीधा रास्ता
जरूरी नहीं कि आसान हो...
वो कभी-कभी बस
"अनुभवहीन" हो जाता है।

मुझे अँधेरे से डर लगता है

मुझे अँधेरे से डर लगता है
तो मैंने दिया जला दिया
दिया जलाते - जलाते सोचा
कि अब अंधेरे से मिलना नहीं पड़ेगा...

पर तभी एक झोंका आया,
बिना दरवाज़ा खटखटाए,
बिलकुल उस सोच की तरह
जो शांति में हलचल डाल देती है।

दीपक बुझ गया।
और रात...
जग गई।

पर हैरानी की बात ये रही
कि अंधेरा
वैसा डरावना नहीं था
जैसा मैंने कल्पना की थी।

वो बस...

अकेला था....

शायद कभी-कभी
दीपक बुझना जरूरी होता है
ताकि हम
रात को देख सकें...
सच में है
बिना उसे स्वीकारे
आगे बढ़ पाना
संभव नहीं होता कभी कभी

यही शब्दों की नियति है

मैंने लिखी थी कुछ कविताएँ
सूखे पत्तों पर,
कच्चे जज़्बातों की स्याही से।

मैंने उन्हें दबा दिया था
किसी किताब के बीच,
जैसे कुछ रिश्ते
वक़्त के पन्नों में दबा दिए जाते हैं।

फिर एक दिन हवा चली,
बिना मुझे चेताये
हवा ने
मेरे सारे पत्ते उड़ा दिए।

शब्द उड़ते रहे
कुछ शाख़ों पर अटक गए,
कुछ आसमान में खो गए,
और कुछ...
किसी अजनबी की बालकनी में उतर गए।

तब समझ आया
कि कविता मेरी थी,
पर उसका होना
सिर्फ़ मेरे बस में नहीं था।

शायद यही शब्दों की नियति है
वो ठहरते नहीं,
बस बहते हैं,
जिसे ज़रूरत हो,
वहीं जा बसते हैं।

ऊँचे पहाड़ों के पार

ऊँचे पहाड़ों के पार,
जहाँ रास्ते भी
हवा से पूछकर मुड़ते हैं,
वहीं कहीं
बादलों की जेब में
एक छोटा-सा गाँव छुपा है।

वो गाँव नक्शे पर नहीं मिलता,
ना किसी गूगल मैप की
पकड़ में आता है
वो बस दिल की थकान के बाद
एक ठंडी साँस की तरह
कहीं उतर जाता है।

छोटे-छोटे घर,
मिट्टी की दीवारें,
छतों पर उगती तुलसी,
और हर खिड़की से झाँकता
एक इंतज़ार।

बादल रोज़ आते हैं,
उस गाँव की गलियों में घूमते हैं,
छतों पर सोते हैं,
और पेड़ों से लिपट कर
किसी पुराने गीत की तरह
धीरे-धीरे गुनगुनाते हैं।

लोग वहाँ
घड़ी नहीं देखते,
वो सूरज की चाल से दिन बनाते हैं,
और चाँद के उतरने पर
किस्से बुनते हैं।

वहाँ कोई दौड़ नहीं है,
कोई मंज़िल नहीं
बस हर चीज़
जैसे रुक कर जी रही हो।

बादलों की जेब भारी है
इन स्मृतियों से,
हर बार जब वो बरसते हैं,
तो लगता है
वो गाँव की कुछ बातें
नीचे ले आए हैं।

वो हाथ अब नहीं है

वो हाथ
अब नहीं है,
पर उसकी गरमाहट
कभी-कभी
अब भी महसूस होती है।

जैसे कोई थका हुआ दिन
अपने सबसे सुरक्षित पल को
याद करके मुस्कुरा दे।

कंधे पर रखा वो हाथ
कोई बोझ नहीं था,
वो तो एक भरोसा था
जो कहता था
"तू गिर भी जाए,
तो मैं हूँ।"

अब लोग हैं,
कंधे भी हैं,
पर वो स्पर्श...

वो चला गया है।

कभी पिता का हाथ था,
कभी माँ की हथेली,
कभी दोस्त की उंगलियाँ
या किसी प्रेम का
निःशब्द वादा।

वो हाथ
बोलता नहीं था,
पर चुपचाप समझा जाता था।

जब अकेले चल रहे होते हैं,
या थक कर रुक जाते हैं,
तब अचानक लगता है
जैसे पीछे से किसी ने
हल्के से
कंधे पर हाथ रखा हो...

हम मुड़ते हैं
कोई नहीं होता।
पर दिल कहता है
"यादें हाथ नहीं छोड़तीं,
बस दिखाई देना बंद कर देती हैं।"

कभी-कभी
हम उस स्पर्श के सहारे

पूरी ज़िंदगी काट लेते हैं।

अब भी जब काँधे भारी होते हैं,
या आत्मा थक जाती है,
तो उस एक पुरानी हथेली का
साया उतर आता है।

वो हाथ अब नहीं है,
पर उसकी जगह...
आज भी खाली नहीं है।

www.ingramcontent.com/pod-product-compliance
Lightning Source LLC
Chambersburg PA
CBHW070644240926
51846CB00003BA/781